LA SAINTE BAUME

POÈME

LES LARMES

DE

LA MADELEINE

ÉLÉGIE

PAR GODEAU, ÉVÊQUE DE VENCE

Publiés et précédés d'une Introduction

PAR

L'ABBÉ X. DEIDIER.

MARSEILLE
TYPOGRAPHIE DE JOSEPH CLAPPIER
Rue Saint-Ferréol, 27.

1866

LA SAINTE BAUME

POÈME

LES LARMES

DE

LA MADELEINE

ÉLÉGIE

PAR GODEAU, ÉVÊQUE DE VENCE

Publiés et précédés d'une introduction

PAR

L'ABBÉ X. DEIDIER.

MARSEILLE
TYPOGRAPHIE DE JOSEPH CLAPPIER
Rue Saint-Ferréol, 27.

—

1866

INTRODUCTION.

———◆———

Antoine Godeau naquit à Dreux en 1605, d'une assez bonne famille : son père était maître des eaux et forêts. Ses études furent brillantes ; mais il s'appliqua surtout à cultiver la poésie. Il le faisait avec tant de facilité qu'il aurait pu dire ce qu'Ovide disait de lui-même :

Quidquid tentabam scribere, versus erat.

Dans un épître à Balzac, son ami et son admirateur, il avoue lui-même en ces termes son amour pour les Muses :

Dès mes plus jeunes ans, j'ai goûté les douceurs,
De l'art victorieux de ces divines sœurs ;
Sans étude, sans peine en leurs bois solitaires,
Elles m'ont enseigné leurs célestes mystères.

Grâce à ses qualités et à ses talents il devint bientôt un des beaux esprits de l'hôtel de Rambouillet et plus tard il fut un de ceux qui contribuèrent à la fondation de l'Académie Française.

Il voulut d'abord prendre en province quelque charge de robe; mais se sentant appelé à une vocation plus noble et plus sainte, il renonça à ce projet et mena un genre de vie plus sérieux et plus régulier.

Le mauvais cancanier Tallemant a écrit, touchant Godeau, plusieurs pages auxquelles on ne doit pas plus ajouter foi, qu'à celles de M. Sainte-Beuve dans son ouvrage passionné sur Port-Royal. Godeau a brûlé les vers de sa jeunesse imprégnés sans doute de l'atmosphère galante qui l'entourait et « en entrant dans l'église, dit M. Cousin, il abandonna la poésie profane qui avait commencé sa réputation, pour la poésie sacrée qui la confirma et l'agrandit. »

« En 1636, dit le même auteur, il fit une paraphrase en vers du cantique *Benedicite omnia opera Domini,* qui eut un succès général et fut particulièrement goutée de

Richelieu. Le Cardinal prit cette occasion pour lui annoncer sa nomination à l'évêché de Grasse, en faisant un de ces jeux de mots qu'il se permettait avec ses familiers : « Monsieur l'abbé, dit-il à Godeau qui venait de lui présenter sa paraphrase, vous me donnez *Benedicite* et moi je vous donne Grasse. »

« C'était le plus pauvre évêché de France, auquel, bientôt après, Richelieu joignit celui de Vence, un peu meilleur, afin que le nouvel évêque eut un revenu passable. Mais ayant négligé de faire confirmer canoniquement l'union des deux évêchés, du vivant du Cardinal, il fut plus tard forcé d'opter et de choisir Vence.

Il ne faut pas croire que Godeau fut un évêque mondain à la façon de ceux du XVIII me siècle; loin de là il se montra, dit le docte historien de l'Académie Française, très appliqué à ses devoirs, d'une parfaite innocence de mœurs, d'une piété exemplaire, d'un prodigieux travail et quand il fallut, par exemple dans les affaires du jansénisme, d'une fermeté qui lui fit le plus grand honneur. »

Mais le véritable portrait de Godeau se trouve dans le fameux ouvrage de Mademoiselle de Scudéri, *Le Grand Cyrus*, dont la clé a été découverte par une main habile et qui, sous une forme romanesque, nécessitée par la délicatesse des temps, renferme l'histoire de la société française au XVIIme siècle et celle des personnages qui y jouèrent un rôle de quelque importance. Godeau figure dans ce poème sous le nom du *Mage de Sidon*; voici ce qu'on dit de lui :

« Le Mage de Sidon... est sans doute un homme admirable; il est né avec un esprit si vif, si ardent et si élevé qu'il n'est rien qui échappe à sa connaissance... Il a un fonds de bonté et de modestie qui sent l'innocence des premiers siècles; de sorte que comme il n'y a rien de plus agréable que de trouver ensemble un grand esprit et une grande douceur, il n'y a rien de plus aimable que la conversation et la société du Mage de Sidon. Il a pourtant quelque chose de brusque dans l'esprit et de précipité dans l'action, mais cela ne l'empêche pas d'être tel que je viens de le dépeindre;

et cette agitation subite qui paraît en son corps et en son esprit est plus un effet de ce tempérament ardent qui lui fait penser des choses si élevées que l'inquiétude de son humeur. Au reste, sa vertu, quoique très parfaite, n'a rien de rude ni rien d'austère que pour lui; il s'attache solidement au bien, et ne s'arrête pas à de fausses et trompeuses apparences..... Ce qu'il y a de plus admirable est que ce mage ne sait pas seulement tout ce qui concerne les dieux et les sacrifices, il sait encore cent mille choses différentes. Il écrit en prose et en vers avec une facilité si prodigieuse qu'on dirait que toutes les muses sont à lui, et qu'elles ne sont occupées qu'à lui inspirer cette multitude de belles choses qu'il écrit.

Son imagination, dans ses ouvrages de poésie, est d'une si vaste étendue qu'elle comprend tout l'univers, étant même si belle, si pompeuse et si fleurie qu'on peut dire qu'il donne une nouvelle fraîcheur aux roses et une nouvelle lumière au soleil lorsqu'il les décrit..... Cependant cet homme dont l'esprit est si élevé, a la douceur et la docilité d'un enfant; il ne connaît ni la présomption, ni la vanité, et il charme de telle sorte ceux qui le connaissent bien qu'on ne peut s'empêcher de l'aimer. Il y a une modeste joie dans son âme, qui vient de son naturel et du calme de ses passions, qui se communique à ceux qui le pratiquent souvent..... Il est aussi fort touché des beautés de l'univers..... Le lever et le coucher du soleil lui donnent un divertissement dont tout le monde n'est pas capable. Une nuit tranquille, semée d'étoiles bien brillantes, occupe agréablement ses regards; le bruit d'une fontaine charme doucement ses oreilles, et la vaste étendue de la mer remplit son âme de plaisir.....

Ainsi les divertissements du Mage de Sidon étant même une étude de la sagesse, il vous est aisé de comprendre quelles doivent être ses occupations sérieuses. Cependant, comme je l'ai dit, sa conversation est tout-à-fait agréable, enjouée et divertissante; ayant même trouvé l'art d'ôter à la raillerie tout ce qu'elle a de piquant et d'aigre, lorsqu'il s'en sert, sans lui ôter pourtant ce qu'elle a d'agréable, ce qui est assurément une chose plus difficile à faire que d'apprivoiser des lions. »

Les ouvrages presque innombrables que Godeau a laissés sur les Saintes Écritures, le Pontifical, l'instruction du clergé et des fidèles montrent avec quel zèle il s'acquittait de ses hautes et saintes fonctions. La sainteté des pasteurs et des troupeaux fut, pour ainsi dire, la principale occupation de son épiscopat (1).

Une de ses intentions, en cultivant la poésie, fut de combattre l'idée fausse, assez mal mal exprimée, dans ces deux vers du législateur du Parnasse :

De la religion les mystères terribles
D'ornements égayés ne sont point susceptibles.

« Les payens, dit Godeau, ont nommé la poésie, le langage des dieux et les chrétiens ont plus de raison de la nommer le langage de Dieu. Car outre qu'il s'est bien

---

(1) On vient de rééditer un excellent ouvrage de Godeau intitulé: *Grandeurs et humiliations de Jésus-Christ dans la Sainte Eucharistie.*

voulu expliquer en vers par la bouche de quelques écrivains canoniques, il semble que si on peut parler de lui dignement en la terre, c'est avec cette généreuse hardiesse, cet éclat, ces figures, ces nombres et ces transports qu'enseignent les Muses. Les Françaises, depuis peu, on fait voir qu'en ce sujet aussi bien qu'en tous les autres, elle ne cèdent en rien ni aux Grecques ni aux Latines. J'ai en quelque façon ouvert cette carrière sacrée depuis peu de temps et je me réjouis de voir que tant de personnes sont allées plus loin que moi. » (*Epit. à Richelieu.*)

S'excusant ailleurs d'écrire en vers et voulant indiquer le but saint et louable qu'il se propose, il dit dans la préface de ses poésies :

« Ces anciens évêques, si remarquables par l'austérité de leur vie, saint Grégoire de Naziance, saint Paulin, saint Avit, saint Fortunat, Sidoine Apollinaire n'ont pas cru rien faire de malséant à la gravité épiscopale, faisant des tragédies, des hymnes, des poèmes et des élégies. Aussi ne crois-je pas que personne trouve à redire qu'à leur imitation je fasse des vers qui, retenant l'air de l'ancien Hélicon, conduisent insensiblement le lecteur sur le Calvaire. Je publie mes ouvrages pour l'utilité de mes lecteurs et non pour leurs applaudissements; et si j'aspire à quelque couronne, c'est à une de celles que dans le Ciel on jette aux pieds de l'agneau. » Ce digne évêque ne pouvait mieux exprimer la pureté de ses intentions.

Mais quelle que soit la modestie de son jugement touchant ses productions, il est certain qu'il fut apprécié de son siècle. Boileau a porté sur lui cette sentence : « M. Godeau, écrit-il à Maucroix, est un poéte fort estimable. » Sans doute il ne brille pas par le génie ; mais il est doux, limpide, élégant et ses sentiments sont vrais. Il y a des vers négligés, il abuse parfois de l'antithèse et laisse échapper quelques tours malheureux ; mais il compte de beaux vers, des expressions riches et neuves, et surtout il fait régner dans ses poèmes la délicatesse de la piété.

On jugera principalement de la vérité de ce dernier point par les deux pièces que nous donnons au public : *La Sainte-Baume et les Larmes de la Madeleine.*

Cette illustre pénitente sera toujours, pour ainsi parler, la grande héroïne de la Provence. On l'a chantée sur tous les tons, dans toutes les langues et on la chantera encore. La parole du Sauveur se réalise : « On répétera partout ce que cette femme a fait pour honorer ma mémoire. »

Nous venons de publier les *Élévations du cardinal de Bérulle sur sainte Madeleine;* nous pensons que les esprits pour lesquels cette lecture serait trop sérieuse ne refuseront pas de parcourir les poésies de l'évêque de Vence sur la célèbre patronne de nos pays. Chaque pièce exhumée des siècles antérieurs au nôtre, quelque soit son mérite d'ailleurs, a toujours celui d'être un témoignage de plus en faveur de nos saintes traditions.

L'abbé Xavier Deidier.

LA
SAINTE BAUME.

Agréables ruisseaux dont la course rapide
Sur votre sable d'or roule un argent liquide,
Rivages tapissés d'un riche émail de fleurs,
Que mille saules verts défendent des chaleurs ;
Grands bassins de porphyre où l'onde fugitive,
Montant et retombant se plaît d'être captive ;
Superbes promenoirs où la nature et l'art,
Mêlent si richement les beautés et le fard ;
Ronds, parterres, berceaux, labyrinthes, allées,
Grotte où l'ombre se mêle aux pierres congelées ;
Jardins délicieux où le père des jours,
Faisant naître les fleurs, fait naître ses amours ;
Fleurs de qui sa chaleur enrichit la nature,
Et sait d'un si beau lustre animer la peinture,
Arbres où l'émeraude en la feuille reluit,
  Les perles dans les fleurs et l'or sur chaque fruit

Enfin, aimables lieux, où mon âme ravie
A goûté les plaisirs d'une si douce vie (1)
Un sauvage rocher me force à vous bannir.
En cet heureux moment loin de mon souvenir.

Rocher qui retentis des cantiques des anges,
Pourrai-je dignement célébrer tes louanges ?
Que ton horreur me plait, que dans sa sombre nuit
Un agréable jour à mon âme reluit !
Que j'aime à voir tomber de tes voûtes humides,
Des globes de cristal et des perles liquides !
Que ton profond silence est éloquent pour moi !
Il me frappe d'un saint et agréable effroi.
Sous mes pieds maintenant grondent les noirs orages,
Sous mes pieds maintenant se forment les nuages.
D'où sortent les éclairs et les foudres brûlants.
Par qui Dieu fait trembler les pécheurs insolents.
A peine puis-je en bas voir les cimes chenues
De ces saintes forêts aux chasseurs inconnues
Où les timides cerfs sans crainte de leurs traits,
Courent en liberté sous les feuillages frais.
Là les ours oubliant leur rage naturelle,
Broutent avec les daims l'herbe tendre et nouvelle.

(1) Ceci est la description de Grasse et de ses environs, où Godeau fut évêque.

Là dès que le soleil sort du milieu des eaux,
Son retour est béni par le chant des oiseaux,
Qui ne redoutent point que des mains sacrilèges
Dans ce sacré séjour pour eux tendent des pièges
Là malgré la rigueur des plus rudes hivers,
Les arbres en tout temps gardent leurs sommets verts :
Les tourbillons des vents, où se mêlent la foudre
N'osent ni les courber, ni les réduire en poudre ;
L'avare bûcheron n'y porte point la main
Et sur lui le respect est plus fort que le gain.
Les bergers d'alentour et les jeunes bergères
N'y viennent point sauter sur les saintes fougères,
Ils n'osent y mêler leurs aigres chalumeaux,
Ni, quand le chaud les brûle, y mener leurs troupeaux.

Mais ô fameux rocher, je le vois, je l'avoue,
Non, ce n'est pas ainsi que tu veux qu'on te loue !
Non, tu n'es glorieux que d'être le séjour
De l'exemple parfait d'un plus parfait amour,
De cette pécheresse, illustre par ses charmes
Et plus illustre encor par le cours de ses larmes,
C'est ici que ses yeux n'étaient jamais lassés
D'effacer par des pleurs des crimes effacés,
De payer par des pleurs l'usure de ces flammes,
Qu'autrefois leurs regards versèrent dans les âmes,
C'est ci que son corps aussi bien que son cœur
Vivait du doux amour de Jésus son vainqueur.

C'est ici qu'en l'amour de Jésus affermie,
Elle était d'elle-même, elle-même ennemie,
Que ce fidèle amour défendait à ses sens,
De trouver hors de lui des plaisirs innocents ;
Que lorsque le soleil lassé du tour du Monde
Sur un lit de corail dormait au sein de l'onde,
A peine cet amour pour modérer son feu,
Souffrait que sur la pierre elle dormit un peu.

O combien peu semblable à cette Madeleine,
Qu'une frêle beauté rendait jadis si vaine,
Dont les savantes mains formaient dans ses cheveux,
Pour prendre des mortels tant d'invisibles nœuds,
Qui, dans l'acier brillant d'un miroir trop fidèle,
Inventait tous les jours quelque ruse nouvelle,
Consultait ses appas, essayait leur pouvoir,
Et se rendait si docte en l'art de décevoir,
Sans songer qu'en prenant, elle-même était prise,
Et que chaque captif lui coutait sa franchise.

Echo répéte-moi les célestes discours,
Que l'amour à son cœur inspirait tous les jours.
De ses chastes secrets, secrète confidente,
Instruis un grand pécheur par une pénitente.
Mais tu n'es qu'un fantôme, et qu'un son décevant,
Formé dans les rochers d'un peu d'air et de vent,

Et la fable trompeuse à qui tu dois ta gloire
Te donne de la voix et non de la mémoire.

C'est toi, c'est toi plutôt, ô merveille d'amour,
Que je dois consulter dans ce sombre séjour.
Je ne veux point savoir cet illustre voyage,
De ton vaisseau sans mât, sans voile et sans cordage,
Que Dieu qui tint les vents dans leurs grottes enclos,
Fit voler sans péril sur la face des flots,
Et dont il arrêta le cours plein de merveille,
Aux rivages fameux de la docte Marseille.

Je ne veux point savoir les divins mouvements
Que Jésus te donnait dans tes ravissements;
Je ne veux point savoir les transports que ton âme,
Ressentait dans l'ardeur de sa pudique flamme;
Je ne veux point savoir quels furent les concerts
Qu'on ouït retentir dans ces vastes déserts,
Lorsqu'en l'air élevée entre les bras des Anges
De Dieu sept fois le jour tu chantais les louanges.

Mais je voudrais apprendre en souffrant tes douleurs
A laver comme toi mes péchés dans mes pleurs.
Instruite que tu fus en la savante école
Du Dieu qui de son père est l'unique parole,
Tu pouvais enseigner aux aveugles mortels,
Qu'à lui seul sur la terre on devait des autels,

Et les démons en vain à tes sacrés oracles,
Dans leur noire fureur eussent mis des obstacles ;
Tu voulus toutefois afin de te cacher,
T'ensevelir vivante en ce fameux rocher.
Là ton divin époux est ton heureux partage,
La tristesse ton pain, les larmes ton breuvage,
Une croix le miroir, où tes yeux attachés
Contemplent son amour en pleurant tes péchés ;
Ton âme à cette vue est de douleur atteinte,
Et tu faisais, dit-on, cette amoureuse plainte :

Divin roi de mon cœur, par qui règnent les rois,
Qu'il m'est doux et fâcheux de te voir sur la croix!
Il m'est doux de te voir pour effacer mon crime,
Servir sur cet autel de prêtre et de victime.
Ce honteux diadème à ton front attaché
M'en promet un de gloire, en dépit du péché;
Tes yeux de qui la mort éteint la vive flamme,
Allument aujourd'hui l'espérance en mon âme;
L'amour qui s'est servi des bourreaux inhumains
Pour attacher tes bras et te percer les mains,
M'ôte la juste peur qu'un redoutable foudre,
Ne parte de ses mains pour me réduire en poudre.
Tu baisses ton visage, où meurent les attraits,
Pour m'offrir le baiser d'une éternelle paix ;
Les fouets qui sur ton corps ont leur rage imprimée,
M'obtiennent le pardon de m'être trop aimée.

Ton coté me présente un asile amoureux,
Le malheur de ton sort rend mon sort bien heureux;
Quand tu parais vaincu, je gagne la victoire,
Ton trépas est ma vie, et ta honte est ma gloire;
Mon amour toutefois me défend aujourd'hui
Que par mes intérêts, je flatte mon ennui.

C'est moi qui sur ta tête ai mis cette couronne,
C'est pour moi qu'aux douleurs ton Père t'abandonne;
C'est pour moi que du ciel Il ne te répond pas,
Et qu'il signe l'arrêt de ton sanglant trépas.
Mes yeux pour ce trépas ont-ils assez de larmes?
Et si j'ai profané, l'usage de leurs charmes,
Puis-je mieux aujourd'hui ce crime réparer
Qu'en ne m'en servant plus que pour toujours pleurer?
Changez-vous donc mes yeux en une humide source,
Et que la seule mort en termine la course.
O sanglots ! o soupirs ! confessez mon erreur,
O mes mains armez-vous d'une sainte fureur,
Et pour venger d'un Dieu la querelle et l'outrage,
N'épargnez plus en moi ni cheveux ni visage.
Non je ne doute pas que mes crimes passés
Ne soient heureusement par la grâce effacés;
Jésus de mon pardon prononça la sentence
Et daigna bien lui-même embrasser ma défense.
Demeurerais-je ingrate à cause qu'il est bon?
Dois-je à si bon marché recevoir le pardon?

S'il veut par sa bonté m'affranchir du supplice
Ne dois-je pas du moins contenter sa justice?
L'oubli de mes péchés qu'il ne veut pas punir,
M'oblige d'en garder l'éternel souvenir,
Et mon fidèle amour, d'une humble véhémence
Croit pouvoir disputer même avec sa clémence.
Hélas que le sommet de cet âpre rocher,
D'où l'aigle le plus fort a peine d'approcher,
Et qui par sa noirceur éclaire ma tristesse
Est un heureux séjour pour une pécheresse!
Que mes crimes passés trouvent heureusement,
Ma peine et mon remède en ce bannissement!
Que j'aime de ce bois la sombre solitude
Où je pleure à loisir ma lâche ingratitude,
Ou tout ce que je vois en l'état où je suis,
Entretient mes regrets et nourrit mes ennuis;
Agréables ennuis où mon âme se noie,
Vous êtes mon désir, mon bonheur et ma joie.
O mon unique espoir, ô mon divin époux!
Il n'est mal que pour toi ne me semble bien doux,
Dans ce lieu reculé, seul tu m'es toutes choses,
Mon pays, mon palais, mon jardin et mes roses,
Mon trône, ma grandeur, mon espoir, mon désir,
Mon soleil, mon amour, ma vie et mon plaisir.

C'est ainsi qu'en songeant à tes fautes passées
Ta douleur, Magdelaine, exprimait ses pensées.

Que ne puis-je après toi, dans cet antre écarté,
Loin du monde et du bruit, me plaindre en liberté?
Que n'y vois-je mes pleurs d'une éternelle course,
S'y mêler au cristal de son humide source?
Que n'y fais-je en secret dedans mon souvenir !
Revivre le passé de peur de l'avenir?
Passé de qui la honte est peinte en mon visage !
Avenir dont l'horreur étonne mon courage !
Effroyable avenir de gloire ou de tourment,
Dont la vaste longueur est le prix d'un moment
Il est vrai que le Dieu dont je crains la colère,
N'a que la voix tonnante et que le front sévère,
Bien qu'il soit provoqué par l'orgueil des humains,
Il ne prend qu'à regret la foudre entre les mains,
Dans la vague de l'air bien longtemps elle gronde,
Avant que par sa chute elle étonne le monde;
Et c'est avec plaisir que ce Maître jaloux,
Veut se laisser combattre et désarmer par nous
Mais dès que par la mort qui de rien n'est touchée
De sa sombre prison notre âme est détachée,
La clémence fait place à la sévérité,
Jésus n'est plus Jésus, c'est un juge irrité;
C'est un Dieu de fureur qui se venge lui-même
Et qui de se venger a le pouvoir suprême.
Alors tous mes soupirs ne pourront l'émouvoir,
Mes pleurs de le fléchir n'auront plus le pouvoir,
Rien contre son courroux ne sera mon refuge,

Je serai mon bourreau, mon témoin et mon juge.
Je ne me verrai plus dans un miroir trompeur,
Je m'adore aujourd'hui, lors je me ferai peur;
Je verrai des péchés les véritables formes
Ceux que je crois légers, me paraîtront énormes,
Et rien ne fardera pour mes sens éclairés
Les objets malheureux qu'ils auront adorés.

Il est vrai que la main de ce juge adorable,
Tiendra de mon salut le signe vénérable,
Mais ce saint étendard ne sera plus pour moi,
Qu'un étendard de guerre et qu'un signe d'effroi.
Il est vrai que ses mains aux pécheurs sont propices,
Qu'elles gardent des clous les belles cicatrices;
Mais, en lettres de sang, en ce jour solennel,
Je dois lire l'arrêt d'un malheur éternel.
L'eau coule de son cœur pour rafraîchir mon âme,
Lors il n'en coulera qu'une brûlante flamme.
Je verrai la terreur sur son front glorieux,
Des éclairs de colère animeront ses yeux
Et dans sa bouche sainte une tranchante épée
Ne pourra dans ses coups jamais être trompée.

Prévenons ce malheur, le plus grand des malheurs,
Dans ce sombre séjour répandons-nous en pleurs.

Soyons ingénieux a trouver des supplices,
Pour châtier nos sens de nos crimes complices.
De nos soupirs ardents, de nos profonds regrets,
Fatiguons les échos de ces sombres forêts.
Bannissons le sommeil s'il veut avec ses charmes,
Arrêter tant soit peu nos plaintes et nos larmes;
Et s'il faut que nos yeux cèdent à ses pavots,
Prenons en pénitent quelque heure de repos.

Mais ô rocher sacré, la loi qui m'est prescrite
Me défend d'aspirer au bien que je médite,
Un rigoureux destin que je ne connais pas,
Veut que je porte ailleurs et mes soins et mes pas;
Que pour des inconnus je m'expose à l'orage,
Que pour les mettre au port, je laisse le rivage,
Qu'oubliant tous mes maux je ne songe qu'aux leurs,
Et donne à leur salut, mes soupirs et mes pleurs.

Toutefois, ô rocher, où pour moi tout est rare,
Si de corps aujourd'hui de toi je me sépare,
Mon esprit en toi seul renferme ses plaisirs,
Tu seras à jamais sa gloire et ses désirs.
Lorsqu'il ne pourra plus résister à la peine,
Il viendra dans ton sein reprendre un peu d'haleine,
Et méprisant pour toi les concerts des bergers,
Le doux bruit des ruisseaux, l'ombre des orangers,

Leurs fruits étincelants et leurs riches promesses,
A toi seul il dira ses profondes tristesses;
Ton adorable hôtesse entendra ses discours,
Et me fera sans doute éprouver son secours.

LES LARMES

DE LA MADELEINE

ÉLÉGIE

Aussitôt que Jésus, blessé d'un trait d'amour,
Eut perdu sur la croix la lumière du jour,
Et que ses ennemis dans la fin de sa vie,
Eurent avec horreur leur vengeance assouvie,
L'illustre Madeleine abandonnant le lieu
Qui servit de théâtre au supplice d'un Dieu;
Les yeux noyés de pleurs, l'âme pleine de crainte,
Sur les bords du Jourdain vint faire cette plainte (1)

---

(1) Il est difficile de ne pas voir dans ce début une imitation de celui de l'épisode d'Aristée dans Virgile :

Pastor Aristæus fugiens Peneia Tempe,
Amissis, ut fama apibus morboque fameque,
Tristis ad extremi sacrum caput astitit amnis,
Multa querens.....

(Geong. liv. 4.)

Unique confident de ma chaste amitié,
Si ton cœur est sensible aux traits de la pitié,
Jourdain, sors maintenant de ta couche profonde,
Et viens, pour m'écouter, au sommet de ton onde.
Si je t'ai découvert les célestes faveurs
Dont Jésus autrefois nourrissait mes ferveurs,
Et les heureux transports que causait dans mon âme,
Cet agréable auteur d'une agréable flamme ;
Je veux te raconter quelles vives douleurs
Font naître mes sanglots et font couleur mes pleurs.
Je veux te raconter la plus triste aventure
Qui jamais ait troublé l'ordre de la nature,
Pendant que dans ces lieux on n'entend aucun bruit
Et que pour me troubler personne ne me suit.

Jésus qui, sur tes bords, a fait tant de miracles,
Jésus qui, sur tes bords, prononça tant d'oracles,
Jésus, l'amour du monde, et la gloire des cieux,
Vient d'être le jouet d'un peuple furieux,
Mes yeux ont vu mourir le Dieu de la justice,
Et la main de l'amour a fait ce sacrifice.
Pouvais-je recevoir un coup moins attendu ?
En perdant mon Seigneur, n'ai-je pas tout perdu ?
Quel désespoir n'est juste ? et quel dessein tragique
N'est maintenant permis à ma flamme pudique ?
Au lieu de soupirer sur les bords de ses eaux,
Que ne vais-je affronter son juge et ses bourreaux ?

Que ne vais-je brûler une ville exécrable,
Qui fit un criminel d'un Monarque adorable ?
Mais la douleur m'emporte et je ne songe pas,
Que je gagne la vie en cet heureux trépas.

Changez vous donc mes yeux en deux sources de larmes
Et n'employez jamais que ces débiles armes.
Mon cœur ne pousse plus que de tristes soupirs,
Empoisonne ta plaie, aigris tes déplaisirs,
Et ne permet jamais les regrets à ma bouche,
S'ils doivent apaiser la douleur qui te touche.
Apaiser ma douleur, Dieu quelle lâcheté !
Quelle méconnaissance et quelle impiété !
Jésus, si je brûlais d'une flamme ordinaire,
Si je n'aimais en toi qu'une vertu vulgaire,
Si j'attendais de toi pour prix de mes ardeurs,
Les fragiles plaisirs et les vaines grandeurs,
Le beau feu dont mon cœur ne veut jamais se plaindre,
Pourrait avec raison dans mes larmes s'éteindre,
Mais je t'aime, ô Jésus, et ce beau nom comprend
Ce qui dans l'univers se trouve de plus grand.
Mais tu meurs, ô Jésus ! et tu meurs pour mon crime
Ta croix est ton autel et ton corps la victime.

Seul astre dont mon cœur veut recevoir le jour,
Un favorable excès de clémence et d'amour,

Pour sauver des ingrats, t'a fait perdre la vie ?
Tu laisses triompher la malice et l'envie ?
Un cercueil a l'honneur de couvrir ce saint corps,
Où le Ciel répandit ses plus riches trésors.
Tes beaux yeux ont perdu ces clartés et ces flammes,
Qui gravaient le respect et l'amour dans les âmes.
Les roses de ton teint ont perdu leur couleur,
Et sur toi chaque membre a souffert sa douleur.
O Miracle ! ô parjure ! ô cruelle aventure !
O sujet de frayeur pour la race future !
Celui qui de nos maux est l'unique support,
A voulu se soumettre à la loi de la mort.
Mais vous qui dans le Ciel célébrez ses louanges,
Témoins de sa grandeur, saintes troupes des anges,
Avez vous pu souffrir que des fers inhumains,
Vinssent rougir de sang la neige de ses mains ?
Ces mains dont il soutient la masse de la terre,
Qui conduisent les cieux, qui lancent le tonnerre,
Et qui par un effort digne de leur pouvoir,
Vous comblèrent jadis de gloire et de savoir.
Quand, donnant à leur crime une ombre de justice,
Ses lâches ennemis le menaient au supplice,
Quand ceux qui le jugeaient devenant ses bourreaux,
Exerçaient sur son corps mille tourments nouveaux,
Que chacun contre lui vomissait son blasphème,
Qu'il était couronné d'un sanglant diadème,
Qu'il portait sur son corps son autel glorieux,

Et que déjà la mort nageait dedans ses yeux ;
Ah ! ne deviez-vous pas de vos trônes descendre?
Auprès de votre Roi, sans nul retard vous rendre?
Et perdre des ingrats qui, ce semble, ont tenté
D'éterniser leur nom par leur impiété ?

Mais dedans quelle erreur l'ennui m'a-t-il plongée?
Jésus, le seul espoir de mon âme affligée,
Soleil dont la lumière est si douce à mon cœur,
Si tu l'avais voulu, tu serais le vainqueur !
Et sans armer tes mains d'une mortelle foudre,
Un seul de tes regards les eut réduits en poudre.
Quelque vaine grandeur que possèdent les rois
Quoique leurs volontés établissent des lois,
Qu'un peuple qui les craint et qui flatte leur crime,
Serve à leur cruauté de sanglante victime,
Tu peux en un moment détruire leur orgueil,
Tu peux en un moment leur ouvrir le cercueil ;
Renverser leur dessein, punir leur impudence,
Et changer les projets de leur vaine prudence.
Mais, sage gouverneur de la terre et des cieux,
Flambeau dont je ressens les rayons gracieux,
Ce rare excès d'amour qui te donna la vie
Par un contraire effet l'a maintenant ravie ;
Tu veux rendre le sang que tu nous avais pris
Tu nous combles d'honneur en souffrant des mépris.

Ta chute nous soutient, ta prison nous délivre,
Ta douleur nous guérit, et ta mort nous fait vivre.
Ces tigres sans pitié qui déployaient sur toi
Ce barbare courroux, sujet de mon effroi,
Recevant de tes mains le pouvoir de te nuire,
Font paraître ta gloire au lieu de la détruire.
Ils te rendent la vie et se donnent la mort ;
T'exposent à l'orage et te mènent au port,
Tous font voir ta puissance et montrent leur faiblesse
Par un discours contraire à l'humaine sagesse.

Vous pour qui ce soleil a perdu sa clarté,
Vous dont un nom si saint fut toujours respecté,
Fidèles, arrêtez le long cours de vos larmes
Ce Dieu de qui l'amour a pour vous tant de charmes,
Ce Dieu qui dans le Ciel, éclatant de splendeur,
Quitta pour vous sauver sa pompe et sa grandeur,
Ne sera pas longtemps dans ces demeures sombres,
Où sa présence assure et console les ombres.
Le Mont dont le sommet s'élève jusqu'aux cieux,
Qui reçoit dans ses flancs un sang si précieux,
Et qui sert de théâtre à cette illustre histoire
N'est point, comme l'on croit, le tombeau de sa gloire.
Puisqu'il nous l'a promis, nous devons espérer,
De voir encor bientôt ses rayons éclairer.
Un jour arrivera que les plus grands du monde,
Méprisant les dangers de la terre et de l'onde,

Viendront pour adorer la trace de ses pas;
Pour contempler ces lieux témoins de son trépas,
Et la Croix qu'aujourd'hui l'on noircit de blasphèmes,
Ornera richement leurs royaux diadèmes.

www.ingramcontent.com/pod-product-compliance
Lightning Source LLC
Chambersburg PA
CBHW060533050426
42451CB00011B/1743